Saveurs du monde

KENYA

Wambui Kairi

GAMMA • ÉCOLE ACTIVE

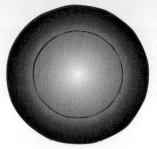

Dans la collection :

- **Brésil**
- **Chine**
- **Italie**
- **Kenya**

Photo de couverture : marchand de fruits portant un panier de bananes mûres.

Page de titre : femme samburu avec son bébé.

Page de sommaire : femme préparant de l'ugali, un plat à base de farine de maïs.

© Wayland Publishers Limited, 1998
titre original : A flavour of Kenya.
© Éditions Gamma,
60120 Bonneuil-les-Eaux, 1999,
pour l'édition française.
Dépôt légal : septembre 1999,
Bibliothèque nationale.
ISBN 2-7130-1878-1

Exclusivité au Canada :
Éditions École Active
2244, rue de Rouen,
Montréal, Qué. H2K 1L5.
Dépôts légaux : septembre 1999,
Bibliothèque nationale du Québec,
Bibliothèque nationale du Canada.
ISBN 2-89069-602-2

SOMMAIRE

Le Kenya et ses spécialités

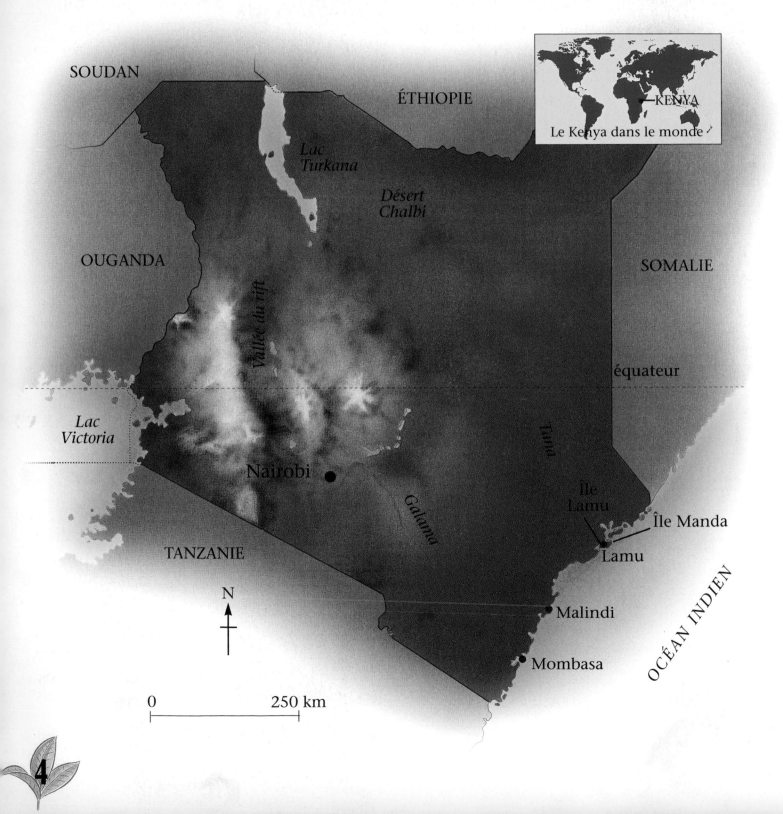

SOUDAN

ÉTHIOPIE

Lac
Turkana

Désert
Chalbi

OUGANDA

SOMALIE

Vallée du rift

équateur

Lac
Victoria

Tana

Nairobi

Galama

Île
Lamu

Île Manda

Lamu

TANZANIE

N

Malindi

OCÉAN INDIEN

Mombasa

0   250 km

Le Kenya dans le monde

KENYA

4

LE BÉTAIL

Ces animaux fournissent de la viande et du lait. Au moment de Noël et des fêtes du Nouvel An, les Kenyans se pressent pour acheter les chèvres qu'ils vont manger.

LES FRUITS SECS

Les cacahuètes et les noix de cajou sont importantes dans la cuisine kenyane. Les cacahuètes peuvent être grillées ou transformées en beurre ou en pâte utilisés dans les sauces.

LES LÉGUMES

Le chou vert est un légume bon marché, très populaire. Les choux, les carottes et les autres légumes forment des piles multicolores sur les étals des marchés.

LE THÉ

Tous les Kenyans boivent du thé et de grandes quantités sont expédiées à l'étranger. Des milliers de ramasseurs sont employés pour la récolte des feuilles.

GRAINES ET GRAINS

La farine de maïs peut être utilisée pour faire l'ugali et le millet pour faire le porridge. Le simsim (graines de sésame) est souvent utilisé pour faire des friandises.

LES FRUITS

Les bananes, les ananas et les mangues sont quelques-uns des fruits du Kenya. Pendant la saison des mangues, les vêtements des enfants sont souvent maculés de jus jaune !

L'agro-alimentaire

Le Kenya est un pays tropical de l'Afrique de l'Est. Il s'ouvre sur l'océan Indien et l'équateur passe pratiquement au milieu du pays. Le climat y est varié.

Le Nord et le Nord-Est du pays, ainsi que quelques parties de la vallée du Rift, sont très chauds et secs. Les Masaïs, les Somalis et les Samburus sont quelques-uns des peuples qui vivent là. Ce sont des pasteurs de dromadaires, de chèvres et de bœufs. Ils se déplacent à la recherche d'eau et de nouveaux pâturages pour leurs animaux.

▼ Des pasteurs kenyans avec leurs dromadaires.

Sur la côte, le climat est chaud et humide. Il est également chaud, mais moins humide, dans la région du lac Victoria. Les fruits tropicaux tels que les mangues, les papayes et les ananas poussent bien dans ces régions.

Le climat est très différent entre la côte et la capitale Nairobi qui est à la limite des hautes terres humides et fraîches. La plus grande partie de la production agricole du Kenya provient de cette région. Le climat y est particulièrement favorable à la culture du thé et du café.

▼ Le thé ne peut être récolté à la machine, car il ne faut ramasser que deux feuilles et un bourgeon sur chaque tige de la plante.

▲ Commerçants vendant des cacahuètes et des noix de cajou. Ces dernières sont cueillies le long de la côte.

Les bases

Les légumes et
les céréales sont
les aliments de base
des Kenyans. Le
chou vert, appelé
sukumawiki, fait partie
de nombreux plats.
Il est bon marché et
plein de vitamines.
Les pommes de terre
deviennent un autre
aliment de base, en particulier dans les villes.
Les frites, avec du poulet ou du poisson, sont
un déjeuner bon marché pour les ouvriers.

SUKUMAWIKI, MON AMOUR

Le chou, ou *sukumawiki*, est si populaire qu'un
poème lui a été consacré :
« Tout ce que je dis
À vous qui m'écoutez
Est un hommage au *sukumawiki*, mon amour.
Quand j'ai faim, le *sukumawiki* est prêt,
Sukumawiki, mon amour, que Dieu te bénisse. »
(Traduit du poème kiswahili *Sukumawiki Kipenzi*, écrit
par Ezékiel Tsinalo.)

▼ Deux femmes
désherbent de jeunes
plants de choux dans
leur potager.

◀ Des fermiers récoltent le riz à la main près de Mombasa.

▼ Une femme prépare une grande marmite d'*ugali* (gâteau au maïs).

Le riz est cultivé près de la côte et dans le Centre et l'Ouest du pays. Sa culture exige un climat chaud et beaucoup d'eau, car les champs doivent être inondés quand le riz est planté. Le millet, les pois et les haricots noirs sont aussi cultivés dans le Centre et l'Ouest. On peut les conserver longtemps et les manger pendant la saison sèche.

Le maïs est cultivé dans la plupart des régions. Les grains peuvent être séchés et moulus pour faire de la farine. Cette farine est utilisée pour faire du porridge et de l'*ugali*, un gâteau au maïs. L'*ugali* se mange avec un ragoût de légumes et de viande ou de poisson.

◄ Un pasteur avec ses chèvres. Chaque bête porte une marque qui montre à quelle famille elle appartient.

Le bétail et les volailles

Les viandes de bœuf et de chèvre sont les plus consommées au Kenya. La viande constitue la part la plus importante des repas des pasteurs qui prélèvent parfois un peu de sang au cou de chèvres ou de vaches vivantes pour le boire. C'est une bonne façon de se nourrir grâce à leurs bêtes sans avoir à les tuer.

Le poulet est un aliment de choix dans l'Ouest du Kenya. Selon la coutume, un des morceaux est réservé à chaque membre de la famille. Les hommes mangent les cuisses, les femmes le blanc, les garçons ont la tête et le cou et l'on donne les ailes aux filles.

▼ Un pasteur tire une flèche avec précaution dans le cou d'un bœuf pour recueillir un peu de son sang.

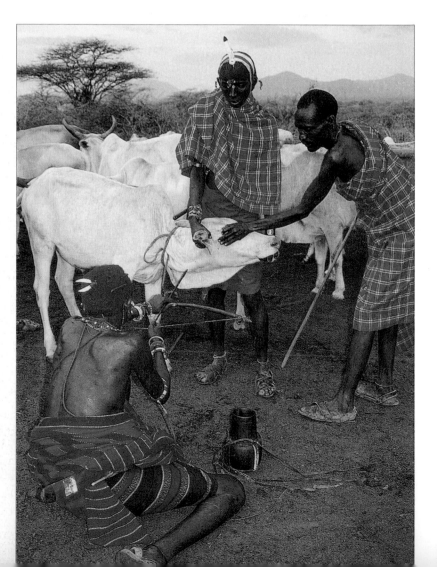

Le poisson

Le poisson est un aliment important pour les personnes vivant sur la côte et à proximité des lacs. La plupart des Kenyans apprécient le tilapia, un poisson, à la peau noir argenté qui mesure environ 35 cm de long. Il existe de nombreuses façons de préparer le poisson.

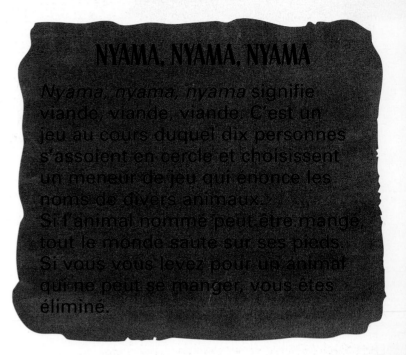

NYAMA, NYAMA, NYAMA

Nyama, nyama, nyama signifie viande, viande, viande. C'est un jeu au cours duquel dix personnes s'assoient en cercle et choisissent un meneur de jeu qui énonce les noms de divers animaux.
Si l'animal nommé peut être mangé, tout le monde saute sur ses pieds. Si vous vous levez pour un animal qui ne peut se manger, vous êtes éliminé.

▼ Fillette cuisinant du poisson pêché dans le lac Turkana. Elle utilise des feuilles de palmier pour faire son feu.

Les religions

Les habitants du Kenya sont pour la plupart des Africains, mais il y a aussi des Asiatiques, des Arabes et des Européens. Les commerçants arabes furent les premiers non-africains à arriver au Kenya. Certains s'installèrent autour de Mombasa et sur les îles de Namu et de Manda. Ils introduisirent la religion musulmane au Kenya.

▼ Messe dans une église catholique, au nord du Kenya. Le catholicisme est une religion chrétienne.

Plus tard, au XVe siècle, arrivèrent les explorateurs portugais. Ils étaient chrétiens. À la fin du XIXe siècle, les Britanniques prirent le contrôle du Kenya et permirent à la religion chrétienne de faire de nouveaux adeptes. Ils amenèrent également d'Inde des hindouistes pour les faire travailler. Aujourd'hui, au Kenya, 83 % des gens sont chrétiens et il y a aussi de nombreux hindouistes et musulmans.

LES CLANS KENYANS

Le Kenya fut peuplé par des peuples venus d'autres parties de l'Afrique. Ce peuplement est connu sous le nom de « grandes migrations ». Les différents groupes s'installèrent dans les régions qu'ils habitent maintenant et formèrent des clans. Par exemple, les Agikuyus sont divisés en neuf clans.

Certains peuples, comme les Masaïs, les Turkanas, les Ngiriamas et les Amerus, suivent les rites religieux traditionnels africains. Tous croient en un seul Dieu tout puissant, même si chaque peuple lui donne un nom différent : Mungu, Allah ou Ngai. Ils pensent que les esprits de leurs ancêtres peuvent transmettre leurs remerciements et leurs demandes d'aide à Dieu.

▲ Ce danseur kikuyu au visage peint porte une coiffe compliquée parce qu'il participe à une cérémonie religieuse.

Noël

Pour les petits chrétiens du Kenya, le 25 décembre est le jour le plus joyeux de l'année. C'est Noël, le jour où l'on fête la naissance de Jésus. C'est aussi le jour où ils reçoivent de nouveaux vêtements et de nouvelles chaussures et où ils se régalent d'un délicieux repas. Les enfants sages reçoivent parfois des cadeaux.

LES CARTES DE NOËL

Les cartes de Noël kenyanes étaient importées d'Europe. Elles représentaient des scènes telles que le Père Noël dans la neige alors que la plupart des Kenyans n'avaient jamais vu la neige. Aujourd'hui, les cartes mettent en scène des Pères Noël montés sur des dromadaires dans le désert.

◄ Un toit couvert de fleurs pour les fêtes de Noël.

À Noël, les familles se réunissent pour une grande fête. Les villes sont presque désertes, car la plupart des gens préfèrent célébrer ce moment chez leurs parents, à la campagne.

Les fêtes commencent le 24 décembre. Des enfants vont de maison en maison en chantant des cantiques de Noël. Chez les Agiyukus, un peuple du Centre du Kenya, cette tradition est appelée murekio, ce qui signifie messager. Les chanteurs répandent la nouvelle de la naissance de Jésus. Ils recueillent aussi des cadeaux qu'ils apportent à l'église pour Noël.

Chrétiens répétant ▶ des cantiques de Noël.

▲ Un autocar décoré de fleurs à l'occasion de Noël.

◀ Enfants déguisés pour une scène de la Nativité.

À la messe, la veille de Noël, les gens mettent en scène l'histoire de la naissance de Jésus. Lors de ces représentations de la Nativité, ils portent des vêtements traditionnels africains et offrent des cadeaux, telles des chèvres. Ils chantent des chansons et des cantiques africains pour accueillir le nouveau-né.

▼ Ces trois fillettes portent des chèvres pour les offrir à l'enfant Jésus dans une scène de la Nativité.

Le jour de Noël, la plupart des chrétiens se rendent à l'église. Ce sont principalement les femmes qui vont à l'église pendant l'année mais, en ce jour particulier, les hommes les y accompagnent.

De riches visiteurs venant des villes offrent de l'argent aux églises de campagne. Les plus pauvres apportent des fruits et du grain. Ces cadeaux sont mis aux enchères afin de réunir les fonds pour financer l'entretien et le fonctionnement de l'église.

▲ Ces enfants masaïs viennent d'assister à une messe de Noël pendant laquelle ils ont joué de leur tambour.

▲ *Simsim* est le mot que les Kenyans utilisent pour désigner les graines de sésame. Les barres au *simsim* sont une spécialité de Noël dans l'Ouest du Kenya. Tu découvriras, page ci-contre, comment les préparer.

À la campagne, les gens rentrent chez eux après la messe pour partager un festin. Ils rendent aussi visite à leur famille et mangent de nouveau. Tout le monde apprécie les mets délicieux tels les gâteaux, jus de fruits et pains apportés par les parents venus des villes.

Les gens qui restent dans les villes pour Noël vont manger au restaurant ou pique-niquer. Ceux qui en ont les moyens achètent une chèvre pour faire un barbecue. Sur la côte, les gens vont parfois à la plage.

Barres au *simsim*

1

Étale les graines de sésame sur une plaque de four graissée et fais griller dans un four préchauffé à 190°C pendant 15 mn, pour qu'elles soient dorées.

2

Fais bouillir de l'eau dans une bouilloire. Mets le sucre et le sel dans un saladier et ajoute l'eau chaude. Mélange bien pour obtenir une pâte lisse.

3

Incorpore le sésame à la pâte. Verse le mélange sur la plaque recouverte de papier sulfurisé et étends-le en une fine couche.

4

Laisse durcir au réfrigérateur toute la nuit. Ensuite, coupe-le en morceaux. Tu peux en manger à tout moment de la journée.

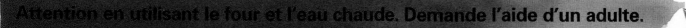

Attention en utilisant le four et l'eau chaude. Demande l'aide d'un adulte.

Le ramadan et l'id al-fitr

Pendant le mois du ramadan, les musulmans jeûnent toute la journée, ce qui signifie que chaque jour, ils ne boivent et ne mangent rien entre le lever et le coucher du soleil. Les musulmans jeûnent pour se rappeler à quel point Allah est bon de leur procurer de la nourriture.

Dans les villes côtières de Malindi et de Lamu, les musulmans sont propriétaires de la plupart des cafés, restaurants et boutiques. Ils les ferment habituellement pendant tout le mois du ramadan ou n'ouvrent qu'en soirée pour servir le *futari*, un petit en-cas pour couper le jeûne.

La mosquée de ▶ Nairobi, où les musulmans vont prier.

L'*id al-fitr*

▲ Femmes musulmanes rassemblées pour prier à la fin du ramadan.

À la fin du ramadan, il y a un jour de fête pour marquer la rupture du jeûne, appelé *id al-fitr*. Au Kenya, c'est un jour férié. Les familles musulmanes échangent des cadeaux. Des plats savoureux sont préparés pour un festin. On sert généralement du riz *pilaf* épicé et les gens apprécient aussi les barres au *simsim*, les dattes et des bonbons appelés *halua*.

◀ Pendant la fête,
de délicieuses friandises
sont distribuées aux
enfants.

À Mombasa, dans le quartier musulman de
Makadara, une fête est organisée pour célébrer
l'*id al-fitr*. Elle dure jusque tard dans
la nuit. Les rues sont pleines
de marchands de friandises
telles que dattes importées,
frites de manioc, glaces
et bonbons.

Les enfants aiment ▶
particulièrement les
kaimati, des beignets
saupoudrés de sucre
ou de noix de coco
râpée.
Tu découvriras,
page ci-contre,
comment préparer
les *kaimati*.

Kaimati

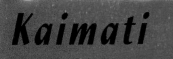

INGRÉDIENTS

225 ml de lait tiède
1 cuil. à café de levure
1 pincée de sucre
1 œuf battu
500 g de farine

1 cuil. à café de sel
de l'huile de friture
du sucre en poudre
ou de la noix de
coco râpée

USTENSILES

1 cuillère à café
1 verre mesureur
1 bol
1 fourchette
1 saladier
1 tamis
1 cuillère en bois

1 serviette
1 grande friteuse
1 cuillère à soupe
des pinces de
cuisine
papier absorbant
une assiette

1 Verse le lait tiède dans le bol.
Saupoudre la levure et une pincée de
sucre et laisse reposer pendant 10 mn
jusqu'à ce que ça mousse. Puis bats
le mélange et incorpore l'œuf.

2 Tamise la farine et le sel dans
le saladier. Incorpore le premier
mélange. Forme une boule de pâte
et pétris-la pendant quelques
minutes sur une surface farinée.

3 Couvre le saladier avec la serviette
de table humidifiée et laisse reposer
deux heures. Vérifie que le mélange
a bien levé et demande à un adulte
de faire frire des cuillerées de pâte.

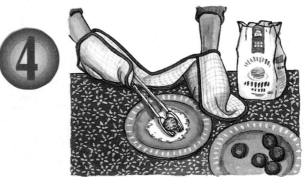

4 Quand les *Kaimati* sont dorés,
retire-les de la friteuse et roule-les
dans du sucre ou de la noix de coco
râpée. Laisse-les refroidir sur du
papier absorbant.

Faire de la friture peut être dangereux. Demande de l'aide à un adulte.

Baptêmes et mariages

La naissance d'un enfant est un heureux événement. Les gens viennent voir le bébé et offrent des cadeaux, tels que de la nourriture et des vêtements de bébé. Les voisins et la famille aident à faire la cuisine et le ménage afin que la jeune mère puisse se reposer.

Les Kikuyus, un peuple de la province centrale et de la vallée du Rift, organisent une cérémonie appelée *itega*, pour accueillir le bébé. Seules les femmes y participent. Elles chantent des chansons en l'honneur de la mère et du bébé, puis elles portent le bébé chacune à leur tour.

◄ Une mère et son nouveau-né. Elle appartient au peuple des Samburus.

QUELQUES NOMS ET LEURS SIGNIFICATIONS

Wayua
(prononcer Oua-you-e)

une fille appartenant au peuple des Mukambas, née pendant la saison sèche.

Mutuku
(Mou-tou-cou)

un garçon mukamba né pendant la nuit.

Njiraini
(N-jir-ahre-ni)

un garçon appartenant au peuple des Mujikuyus, né au bord d'une route.

Wambui
(Ouhom-bou-i)

une fille mugikuyu du clan de Ambui.

Dans quelques communautés kenyanes, on organise une cérémonie pour donner un nom à l'enfant. Les noms ont d'habitude un sens : ils indiquent le moment ou le lieu de la naissance. Quelques noms indiquent qui étaient les ancêtres de l'enfant.

À la campagne, les ▶ gens apportent souvent à la jeune mère du bois de chauffage en guise de cadeau.

Mariages

Les Agikuyus organisent une cérémonie traditionnelle de mariage appelée *ngurario*. Pendant la cérémonie, la future mariée est cachée par ses amies. Elle se déguise parfois. Le futur marié, aidé de ses amis, se met à sa recherche. S'il ne la trouve pas, le mariage n'a pas lieu.

Les jeunes mariés servent à leurs aînés un vin spécial appelé *muratina*. On sacrifie un bélier et l'on donne aux hommes et aux femmes des morceaux particuliers. Les jeunes filles reçoivent les oreilles, ce qui est une façon de leur rappeler qu'elles doivent écouter leurs maris ! Le marié ne découpe pas un gâteau de mariage, mais un gigot de bélier rôti.

Ce délicieux punch aux fruits ▶ tropicaux est une boisson réservée aux grandes occasions. Découvre sa recette ci-contre.

▲ Les jeunes mariés (à droite), en compagnie de la demoiselle et du garçon d'honneur, bénissent le troupeau de chèvres qu'ils ont reçu en cadeau de mariage.

26

Punch aux fruits

INGRÉDIENTS (pour 6)

2 bananes
100 g de fraises
1 papaye pelée
2 cuillerées à soupe de sucre brun
100 ml de jus d'orange
100 ml de jus d'ananas
100 ml de jus de mangue
750 ml d'eau gazeuse
12 glaçons

USTENSILES

1 planche à découper
1 couteau
1 saladier
1 cuillère à soupe
1 verre mesureur

Découpe les bananes en rondelles et coupe les fraises en deux. Mets-les dans le pichet ou le saladier.

Découpe la papaye en petits dés et mets-les dans le pichet ou le saladier. Ajoute le sucre brun et mélange.

Verse les jus de fruits.

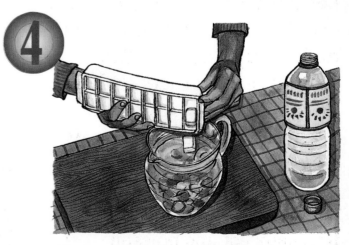

Verse l'eau gazeuse et mélange doucement. Ajoute les glaçons et sers dans de grands verres.

Sois prudent en utilisant des couteaux. Demande l'aide d'un adulte.

Les actions de grâce

Pendant la messe du 31 décembre, les catholiques remercient Dieu pour toutes les bonnes choses qu'ils ont reçues pendant l'année écoulée. En septembre, les anglicans remercient Dieu pour les récoltes. Ils font des dons de nourriture à l'église. Il y a souvent du maïs, car c'est un aliment de base. La nourriture est bénie puis distribuée aux pauvres. Les adeptes des religions africaines traditionnelles remercient Dieu quand ils font une bonne récolte et qu'il pleut beaucoup. Pendant la cérémonie, ils sacrifient un bélier ou un taureau. Ils laissent un morceau de sa viande sous un arbre, en offrande à Dieu.

◀ Découvre ci-contre la recette de ce plat de maïs épicé.

Du maïs épicé

Mets les épis de maïs dans une casserole d'eau bouillante. Recouvre-les d'eau et fais bouillir jusqu'à ce qu'ils soient tendres.

Mélange la poudre de piment rouge et le sel dans le bol. Coupe le citron en deux et enlève les pépins.

Verse le mélange de poudre de piment rouge et de sel sur les moitiés de citron et presse-les pour imbiber le mélange.

Retire avec précaution les épis de la casserole et mets-les sur une assiette. Frotte les épis avec une moitié de citron et mange-les chauds.

Attention aux couteaux et aux casseroles chaudes. Demande l'aide d'un adulte.

Glossaire

Allah : nom musulman de Dieu.

ancêtres : membres d'une famille décédés depuis longtemps.

anglican : chrétien qui a adopté le culte de l'Église d'Angleterre.

cantique : chant religieux.

catholique : chrétien dont le chef spirituel est le pape qui se trouve à Rome.

enchères : un objet vendu aux enchères revient à la personne qui en offre le meilleur prix.

équateur : ligne imaginaire qui fait le tour de la Terre, à mi-chemin des deux pôles.

mangue : fruit tropical de forme ovale, à la chair jaune très parfumée.

manioc : plante tropicale dont les racines sont comestibles.

messe : cérémonie religieuse célébrée par les catholiques.

migration : changement de région d'un grand nombre de personnes.

millet : céréale très utilisée en Afrique.

musulman : personne adepte de l'islam, la religion prêchée par Mahomet.

papaye : fruit tropical allongé, à la chair jaune, qui peut peser plusieurs kilos.

pasteur : personne qui garde un troupeau.

porridge : bouillie épaisse faite avec du lait et des flocons d'avoine.

ramadan : mois pendant lequel les musulmans ne mangent pas entre le lever et le coucher du soleil.

tropical : les régions tropicales s'étendent entre les tropiques du Cancer et du Capricorne et ont un climat chaud et humide toute l'année.

Crédits photographiques
Steve Benbow 5 (en bas à droite), 7 ; Chris Brown Educational 15 (en bas) ; Chapel Studios/Zul Mukhida 5 (en bas à gauche), 18, 22 (en bas), 26 (en bas), 28 ; Robert Harding 5 (an haut à gauche)/Thomasin Magor, 6/N.A. Callow, 10 (en haut)/Thomasin Magor ; Images of Africa couverture/Carla Signorini Jones, page de titre/Carla Signorini Jones, 5 (en haut à droite)/Carla Signorini Jones, 10 (en bas)/Carla Signorini Jones, 12/David Keith Jones, 16 (len bas)/David Keith Jones, 24/Carla Signorini Jones, 25/David Keith Jones, 26 (en haut)/David Keith Jones ; Impact 9 (en haut)/Caroline Penn ; Peter Kenward sommaire, 5 (au centre à droit), 7 (en bas), 9 (en bas), 22 (en haut) ; Oxfam (G. Sayer) 17 ; Panos 5 (au centre à gauche)/ Betty Press, 8/Betty Press, 11/Lana Wong, 21/Betty Press ; Ann & Bury Peerless 16 (en haut) ; Tony Stone Images 13/Art Wolfe ; Tropix 14/J. Schmid, 15/J. Schmid ; Zefa-Stockmarket 20/M.M. Lawrence.
Illustrations des fruits et légumes : Tina Barber. Carte 4 : Peter Bull and Hardlines. Maquette : Judy Stevens.

Pistes pédagogiques

MATHÉMATIQUES

L'utilisation et la compréhension des mesures (pour les recettes)

L'utilisation et la lecture d'instruments de mesure (balances)

L'utilisation des poids et des mesures

L'utilisation et la compréhension des fractions

MUSIQUE

Les musiques de fête

La musique d'une culture différente

GÉOGRAPHIE

L'étude de la géographie locale

Paysages et climats

L'agriculture

L'influence du paysage sur les activités humaines : l'agriculture et les fêtes liées aux aliments

Prise de conscience du contexte local

Saveurs du monde pistes pédagogiques

TECHNOLOGIE

Dessiner l'affiche publicitaire d'un produit alimentaire

Les technologies de l'agro-alimentaire

Les emballages

Préparer les repas

Suivre une recette

SCIENCES

La nourriture et la nutrition

La santé

Les plantes dans différents milieux

La vie des plantes

Les états de la matière

FRANÇAIS

Écriture d'un slogan vantant un produit alimentaire

Composition d'un poème ou d'une histoire dont le thème est la nourriture

Composition d'un menu de repas de fête kenyan

LANGUES VIVANTES

Les activités quotidiennes : la cuisine

Les hommes, les lieux et les coutumes

HISTOIRE

Histoire des aliments

Enquête sur les techniques agricoles utilisées depuis un siècle

RITES ET COUTUMES

Les plats traditionnels

Noël, les actions de grâce

Le ramadan, l'id al-fitr

Le baptême, le mariage

31

Index